Ángel de Saavedra. Duque de Rivas

El duque de Aquitania

Créditos

Título original: El duque de Aquitania.

© 2024, Red ediciones S.L.

e-mail: info@linkgua.com

Diseño de cubierta: Michel Mallard.

ISBN tapa dura: 978-84-1126-049-7.
ISBN rústica: 978-84-9816-058-1.
ISBN ebook: 978-84-9897-223-8.

Cualquier forma de reproducción, distribución, comunicación pública o transformación de esta obra solo puede ser realizada con la autorización de sus titulares, salvo excepción prevista por la ley. Diríjase a CEDRO (Centro Español de Derechos Reprográficos, www.cedro.org) si necesita fotocopiar, escanear o hacer copias digitales de algún fragmento de esta obra.

Sumario

Créditos _____ **4**

Brevísima presentación _____ **7**
   La vida _____ 7
   Las cruzadas _____ 7

Personajes _____ **8**

Dedicatoria _____ **9**

Acto I _____ **13**
   Escena I _____ 13
   Escena II _____ 16
   Escena III _____ 20
   Escena IV _____ 20
   Escena V _____ 21
   Escena VI _____ 24
   Escena VII _____ 25

Acto II _____ **27**
   Escena I _____ 27
   Escena II _____ 33
   Escena III _____ 33
   Escena IV _____ 36
   Escena V _____ 37

Acto III _____ **43**
   Escena I _____ 43
   Escena II _____ 47
   Escena III _____ 51
   Escena IV _____ 55
   Escena V _____ 55

Acto IV _____ **57**
    Escena I _____ 57
    Escena II _____ 61
    Escena III _____ 65
    Escena IV _____ 69
    Escena V _____ 69

Acto V _____ **71**
    Escena I _____ 71
    Escena II _____ 71
    Escena III _____ 73
    Escena IV _____ 77
    Escena V _____ 78
    Escena VI _____ 79
    Escena VII _____ 80

Libros a la carta _____ **85**

Brevísima presentación

La vida
Duque de Rivas, Ángel Saavedra (Córdoba, 1791-Madrid, 1865). España.
Luchó contra los franceses en la guerra de independencia y más tarde contra el absolutismo de Fernando VII, por lo que tuvo que exiliarse a Malta en 1823. Durante su exilio leyó obras de William Shakespeare, Walter Scott y Lord Byron y se adscribió a la corriente romántica con los poemas El desterrado y El sueño del proscrito (1824), y El faro de Malta (1828).
Regresó a España tras la muerte de Fernando VII heredando títulos y fortuna. Fue, además, embajador en Nápoles y Francia.

Las cruzadas
El duque de Aquitania se inspira en el ciclo de relatos medievales en los que un hermano fraticida usurpa el poder mientras los legítimos señores están en las cruzadas. Elisa, la heroína de esta obra, es acosada en medio de su luto tras la muerte de su padre en Tierra Santa.

Personajes

Arnaldo, antiguo escudero
Elisa, su hermana
Eudón, usurpador, tío de Reynal, duque de Aquitania
Guardias
Linser, confidente de Eudón
Pueblo

Dedicatoria

Tanto la pompa de holocausto rico,
cuanto la sencillez y fe sincera
con que el mortal su omnipotencia adora.
A. de S. R. de B.

A mi amada hermana doña María de la Candelaria de Saavedra

¡Oh tú, ninfa gentil del Manzanares,
que entre las más bellas y graciosas
que triscan en su orilla, de fragantes
flores la sien orlada, el albo cuello
de oro de ofir y perlas del Oriente,
descuellas como suele alba azucena
predilecta de Flora en el risueño
cultivado jardín! Torna un instante
a mí los ojos, do el amor se anida,
tórnalos, pues, a tu amoroso hermano,
y oye su voz y los llorosos versos
con que pinta el furor de las pasiones,
la austeridad de la virtud sublime
y la venganza atroz de los delitos.
Óyeme, hermana, y favorable acoge
esta mortal ficción que la engañosa
escena va a ocupar, y que felice
será si arranca de tu tierno pecho
un ardiente suspiro, o si humedece
tu rostro hermoso con sensible llanto.
Yo, acostumbrado a lamentar amores
en arpa de marfil, quise, atrevido
más altivo volar, y el sofocleo
coturno osé ceñir, y a Melpomene
pedí anheloso su puñal terrible.

Mas ¿cómo solo a la fragosa cumbre
donde mora arribar, sino siguiendo
las huellas de algún genio esclarecido
que a la cima subió? Nunca el polluelo
del águila caudal desplegar sabe
las alas temerosas y aun no firmes
por la inmensa región solo y sin guía.
La atroz venganza del inachio Orestes,
que allá en remotos siglos vio, extasiado
de Atenas el magnífico liceo,
y en nuestros días con mayores glorias
resucitó el ingenio honor de Italia,
mi guía ha sido en tan audaz empresa:
empresa que a tu amor solo dedico,
y ora estudiosa estés y retirada,
con brillante pincel que el arte mueve,
imitando las bellas perspectivas
que en sus montes y selvas nos presenta
Naturaleza hermosa, y las cascadas
que dan vida al país, y los lozanos
chopos que agita el apacible ambiente,
copiándolos con tanto magisterio
que, engañados los ojos, se imagina
escuchar el susurro de las hojas
y ver la espuma del sonante arroyo;
ora te encuentres en festín brillante,
oyendo amores y abrasando pechos;
o bien en el salón de mármol y oro,
de cien antorchas al fulgor luciente,
y al concertado son de los violines,
diosa del baile y de las gracias diosa,
ostentes tu modesta gentileza
al medido compás girando el cuello,
y el delicado talle, y resbalando

el breve y ágil pie, que en vano esconde
de la fimbria talar el suave ondeo.
Niégate un punto al hervoroso aplauso
de la importuna turba de amadores,
y escucha a Elisa, tímida, inocente,
lamentar el rigor de su destino,
y mírala en los brazos de su hermano
amar, llorar, temblar... ¡Ay! Su ternura,
su fraternal cariño, es un remedo
del que en tu tierno corazón se anida
y hace el encanto de tus deudos todos,
y, aunque anhelan mis versos retratarlo,
no tanto alcanzarán... Mas sea, al menos,
mi entrañable amor testigo firme
este ligero don que hoy te tributo.
Harto pequeño, a fe; mas tú, por mío,
lo acogerás benigna. Así, el excelso
rey del Olimpo recibir, acaso,
más grato suele las humildes flores
que le presenta en rústicos altares
sencillo labrador, que el hecatombe
que en aras de oro y en soberbio templo
le ofrece el poderoso, pues no estima
anto la pompa de holocausto rico
cuanto la sencillez y fe sincera
con que el mortal su omnipotencia adora

A. de S. R. de B

La escena es en un salón del palacio de los duques de Aquitania.
La acción empieza a mediodía y acaba al anochecer.

Acto I

Escena I
Eudón, Elisa y Linser

Eudón — Modera tu dolor, enjuga el llanto,
que ofenden mi cariño y mi terneza.
Si te ha privado el áspero Destino
de los que el ser te dieron, hoy encuentras
en mí su amor. Hermano de tu padre
y su heredero en fin, tú eres la prenda
a quien mi amor consagro y mis desvelos.
Del claustro silencioso do crecieras,
libre de los horrores y perfidias
de las facciones que hasta aquí cubrieran
de aflicción y de luto estos estados,
y do tu padre te dejó encubierta
cuando a reconquistar partió animoso
de Palestina la sagrada tierra,
te saca mi cariño, a que mi esposa
y la señora de Aquitania seas.

Elisa — Señor..., ¡ah!, por piedad... Dejad que inunden
las lágrimas mi pecho y no os ofendan.
Desastres e infortunios me circundan...
Un padre desgraciado, a quien la diestra
de un alevoso pérfido asesino
del sagrado Jordán en las riberas
arrebató a mi amor... La adversa suerte
de una madre infeliz, que a la hora mesma
que me puso en los brazos de la vida
la hundió la muerte en la quietud eterna,
y un hermano que existe miserable
allá en Jerusalén, entre cadenas,

| | son los bienes que el mundo ante mis ojos, |desventurada yo!, solo presenta.
| | Educada, señor, en el asilo,
| | donde la paz y la virtud se albergan,
| | a su seno tranquilo y silencioso
| | volver y a su quietud mi pecho anhela.
| | Dejad que en él por siempre me sepulte,
| | ignorada del orbe... Ha que gobiernas
| | más de un lustro el estado que heredaste;
| | feliz fuiste sin mí. Deja que vuelva
| | a la mansión donde aumenté mis días,
| | a lamentar mi desdichada estrella.
| | El bullicio del mundo me horroriza...

Eudón   Mi dulce amor y mis caricias tiernas
te lo harán lisonjero y agradable.
En mí hallarás de padre la terneza,
y de rendido esposo el fiel cariño.
¡Qué!... ¿Tu lozana juventud risueña
en el retiro lóbrego y oculto
de un claustro ha de yacer?... No, Elisa bella.
Pronto los dulces lazos de himeneo
conmigo te unirán.

Elisa   ¡Señor!...

Eudón   ¿Se altera
tu corazón sencillo al escucharme?...
La timidez, el susto y la vergüenza
relucen en tu faz. ¡Ah!... No lo extraño.
Propio es, divina Elisa, en tu edad tierna.
Propio en tu educación, lejos del mundo,
la turbación que tu semblante muestra.
Retírate, si quieres, a tu estancia,

                  y allí, con reflexión y a solas, piensa
                  las ventajas que logras con mi mano.
                  Tus lágrimas amargas, ¿qué remedian?...
                  Ni dar vida a los que a ti la dieron,
                  ni a tu hermano librar puedes con ellas,
                  pues yo mismo no llego a conseguirlo
                  con todo mi poder y mis riquezas.
                  Y tal vez...

Elisa   ¿Qué, señor?

Eudón   Víctima al cabo...

Elisa   ¡Gran Dios!... ¿Y vos juzgáis?

Eudón   De su existencia
                  ha tiempo nada sé. Casi es seguro
                  que de nuestra familia augusta y regia
                  tú y yo solo quedamos, y su lustre
                  debemos conservar y su grandeza.
                  Si amor hacia tu nombre hay en tu pecho
                  si mi cuidado paternal deseas
                  recompensar, accede a este himeneo
                  que al estado y a ti tanto interesa.
                  Mas, ¡ay!..., ahora no estás para escucharme,
                  un susto nuevo el corazón te inquieta.
                  ¿Mi presencia te embarga?... Anda, ¡oh mi Elisa!,
                  procura consolar tu amarga pena,
                  y mide y reflexiona mis razones,
                  y mi amor con tu suerte considera.

Elisa   ¡Oh Dios!... ¡Eterno Dios!...

Escena II
Eudón y Linser

Eudón   ¿Has escuchado?...

Linser   Advertí su obstinada resistencia.

Eudón   Obstinada en verdad. Mas ¿qué me importa?
             Si su propio interés a convencerla
             y el halago y dulzura no alcanzasen,
             apelaré al poder y la violencia.

Linser   ¡La violencia..., el poder! Señor..., perdona.
             La lealtad que os profeso no lo aprueba.
             ¿Qué conseguís con este enlace?

Eudón   Amigo,
             mi dominio afirmar.

Linser   Pues ¿qué recelas?

Eudón   Con este objeto conservé su vida;
             de Alberto y de Reynal es la heredera,
             y en un contrario soplo de fortuna,
             ella de mi poder el ancla sea.

Linser   ¿Quién derrotar tu poderío puede
             y el augusto esplendor en que te encuentras?

Eudón   ¡Oh funesto esplendor! Linser, no sabes
             los horribles temores que me cercan,
             el continuo afanar que me devora,
             el espanto que siempre me atormenta;

                desde que, conseguidos mis deseos,
en mí Aquitania a su señor venera.
Cuando de envidia y de rencor roído
mi triste corazón, en la suprema
autoridad miraba a aquel hermano,
cuyo poder y cuya gloria excelsa
siempre eran torcedores espantosos
de mi sañudo pecho y alma fiera,
juzgaba que, en logrando sus dominios,
la dulce paz y la quietud tendieran
sus alas sobre mí... Mas, ¡dura suerte!,
despareció mi hermano de la Tierra,
ocupé su dosel, señor me veo
de Aquitania; su imperio, sus riquezas,
todo es mío, Linser; pero no acaban
mis tormentos..., ¡oh Dios!... Doquier me queja
el recuerdo cruel del fratricidio
y encuentro dondequier agrias sospechas.
El pueblo me obedece, el mundo ignora
mi atroz delito, nadie lo penetra;
pero en mi pecho por jamás se acaba
y me abruma sin fin. Mi mente encuentra
continuos sustos y temores nuevos.

Linser   Vano es vuestro temer. ¿Quién hay que pueda
ni aun solo imaginar que a vuestro hermano
hicisteis muerte dar?... ¿Quién que no crea
que al hondo suelo del sepulcro frío
su propio arrojo le arrastró en la guerra?

Eudón   Yo lo sé, y basta a que mi insano pecho
desgarrado sin fin, Linser, se vea.
Y solo mi sobrina, Elisa solo,
lo pudiera calmar.

Linser   ¡Señor! No acierta
mi pensamiento...

Eudón   Amigo, yo la adoro.
Amor tiene gran parte en mis propuestas.

Linser   ¡El amor!... ¡el amor!... ¿Pasión tan débil
en tu esforzado corazón cupiera?

Eudón   ¡Ay! En vano ocultarlo procuraba.
Su encanto, su beldad, su gentileza,
interesan mi pecho, si su nombre
a mi mando y poder les interesa.
Sí, amigo; aquella faz donde pintadas
están la candidez y la inocencia,
me enciende el alma en amoroso fuego
y arde mi seno en su pasión violenta.
Elisa, solo Elisa, el borrascoso
mar donde mi corazón triste se anega
puede amansar... Su halago, sus caricias,
su tierna mano y su sin par belleza,
el bálsamo anhelado y delicioso
serán que curen mis terribles penas.

Linser   Me pasmo de escucharte... ¿Que es posible...?

Eudón   Sí, Linser, sí; la adoro. Se interesan
mi pecho a un tiempo y mi usurpado cetro
en esta unión.

Linser   Permite mi extrañeza.
¿Tu pecho interesarse? ¿El cuello rindes
del blando amor a la servil cadena?...

                    Tu temple y tu valor serán vencidos.
Huye esa vil pasión que así te ciega.
¡Tu cetro!... ¿Necesitas, por ventura,
del apoyo de Elisa?... ¿Qué recelas?
¿No ha más de un lustro que el estado riges?
Los que a reconocerte no accedieran
desaparecieron ya. Del duque Alberto,
ni antiguo servidor ni parcial queda;
Arnaldo y nadie más le sobrevive.
A sus ojos la trama fuer encubierta,
y, fiel a tu familia, ama tu nombre
y por señor te acata y te respeta.

Eudón   Mas vive mi sobrino: Reynal vive.

Linser   Allá en Salén, cargado de cadenas.

Eudón   De horror me hielo al pronunciar su nombre.
                    Se acerca al quinto lustro... ¡A Dios pluguiera
                    arrebatarlo a la espantosa tumba
                    de su padre infelice por las huellas!

Linser   Harto seguro está su tierno cuello
                    atado al yugo del triunfante persa,
                    y muerto habrá tal vez. Mas ¿Rotolando
                    desde Chipre, señor...?

Eudón   Siempre está alerta
                    para oponerse a que rescate logre
                    y hacer su servidumbre más estrecha.

Linser   Y aunque su libertad Reynal consiga,
                    yace su nombre en hondo olvido; apenas
                    se acuerda el pueblo de él, y nada puede

sin opinión, sin deudos, sin riquezas.
Abyecto y avezado a servidumbre,
y joven aun, ni osara...

Eudón Arnaldo llega.

Escena III
Eudón, Linser y Arnaldo

Arnaldo Señor, un caballero que de Chipre
acaba de llegar, veros desea.

Eudón ¿Y le conoces tú?

Arnaldo Jamás le he visto.

Eudón ¿Es joven?

Arnaldo Joven es.

Eudón ¿Y manifiesta
su condición el traje?

Arnaldo De guerrero.

Eudón ¿Y dice que pretende...?

Arnaldo Daros nuevas
de vuestro amigo el conde Rotolando.

Eudón Condúcele al momento a mi presencia.

Escena IV
Eudón y Linser

Eudón	Linser, noticia de Reynal, sin duda, me envía Rotolando.
Linser	¿Y qué os altera?
Eudón	Nada, Linser... ¿Será tal vez su muerte?
Linser	Ya lo vais a saber, que el joven entra.
Eudón	¡Qué aspecto tiene tan gallardo y fiero!

Escena V

Eudón, Linser, Reynal, Arnaldo y guardias
Reynal se detiene al entrar con muestras de turbación, mira ferozmente a Eudón y luego se reporta. Arnaldo se retira al punto.

Eudón	¿Qué os detiene? Llegad...
Reynal	Allá en la guerra, nacido y educado y siempre lejos del fausto y brillo y de la pompa regia, de este palacio el esplendor me turba, y me turba también vuestra presencia.
Eudón	Acercaos. ¿Quién sois?
Reynal	Un caballero.
Eudón	¿Vuestro nombre?
Reynal	Clonard.
Eudón	Vuestra nobleza

| | se deja ver en talle y compostura.
| | ¿Y a quién buscáis?

Reynal | A Eudón.

Eudón | Al que venera
| por su duque Aquitania.

Reynal | Al que se nombra
| tal.

Eudón | Y bien: ¿qué queréis?

Reynal | De una funesta
| noticia soy el portador.

Eudón | ¿El conde
| Rotolando os envía? ¿Y cuáles nuevas?

Reynal | Reynal, vuestro sobrino...

Eudón | ¿Qué?...

Reynal | A mi labio
| permitidle, señor, que lo refiera.
| Reynal, vuestro sobrino, que, cautivo,
| abrumado de oprobio y de cadenas,
| vivió en Jerusalén...

Eudón | ¿Qué, por ventura,
| salió de esclavitud? ¿Libre se encuentra?
| ¿Logró romper las bárbaras prisiones
| y animoso, tal vez, a Francia vuela?
| ¿Y...? Decid... Acabad.

Reynal   No es tan feliz
mi mensaje. Calmaos.

Linser   (Mirando a Eudón.)
                    ¡Oh, cómo tiembla!

Eudón   ¿Murió acaso?... Decid: ¿su edad florida
es ya despojo de la Parca horrenda?

Reynal   Vos lo decís.

Eudón   ¿Y cómo...?

Reynal   Qué, ¿es extraño,
en medio del horror de la miseria
de su suerte infeliz? Un tierno joven,
preso, aherrojado y siempre en las tinieblas
de las negras, hondísimas mazmorras,
¿cómo arrastrar su mísera existencia
por más tiempo alcanzara?...

Eudón   Y vos, en Chipre...

Reynal   El conde me detuvo, hasta que cierta
fuer la noticia del fatal suceso,
y me encargó que a vos la refiriera.

Eudón   ¿Y estáis seguro...?

Reynal   El conde Rotolando...

Eudón   No; jamás me engañó, que a la sincera
amistad que le tengo corresponde.

| | Linser, si no supiera con certeza
la muerte de Reynal, juzgo que nunca...

Linser   Ya conocéis del conde la prudencia;
no tenéis que dudar...

Eudón   ¿Y solo a Francia
el darme esta noticia tan funesta
os conduce, Clonard?

Reynal   Al mismo tiempo
vengo a buscar una perdida herencia.

Eudón   Contad en vuestro auxilio, desde luego,
toda mi autoridad y mis riquezas.

Reynal   Sí; vos me ayudaréis a recobrarla.

Eudón   Aunque el mensaje vuestro me atraviesa
el alma de dolor, pues mi sobrino
era mi único afán, la unión estrecha
que me ha ligado al conde Rotolando,
que a mi palacio os dirigió, me empeña
en vuestra protección y en vuestro obsequio.
¡Hola, Arnaldo!

Escena VI
Los mismos y Arnaldo

Arnaldo   Señor...

Eudón   Que aquí se hospeda
el caballero de Clonard. ¿Descanso,
sin duda, desearéis?

Reynal   Mi alma lo anhela.

Eudón (A Arnaldo.)   Condúcele a su estancia.

(Vanse Arnaldo y Reynal por un lado y guardias por otro.)

Escena VII
Eudón y Linser

Eudón   ¿Qué me dices,
                    Linser? Murió Reynal. Ya no hay quien pueda
                    derrocar mi poder. El Cielo mismo
                    mi usurpación y mi dominio aprueba.
                    Ya no hay competidor... ¡Ah!, si consigo
                    la hermosa mano de mi Elisa bella,
                    la dulce calma, la quietud sabrosa
                    mi pecho halagarán. Al punto sepa
                    que no existe su hermano, y ya no dudo
                    que al cabo he de lograr el convencerla.
                    Vamos, amigo, vamos.

Linser (Aparte.)   ¡Cuál se engaña!
                    ¿Suya Elisa? Jamás... ¡Terrible idea!

Acto II

Escena I
Reynal y Arnaldo

Arnaldo ¿Será verdad, señor, la triste nueva
que acabo de escuchar?... Decidme: es cierto
que el duro brazo de la injusta Parca
osó tronchar el inocente cuello
de Reynal infeliz?

Reynal   Sí; la noticia
yo traje a tu señor.

Arnaldo   ¡Oh santo Cielo!
¡Desventurado joven!... ¡Cuántas veces,
en estos brazos, en sus años tiernos,
le condujo mi amor! ¡Cuánto anhelaban
mis tristes ojos el volver a verlo!...
De mi edad moribunda los trabajos
me eran leves tal vez, porque mi pecho
esperanza de verle conservaba,
y de estrecharle en mi marchito seno.

Reynal ¿Conque tanto le amabas?

Arnaldo   ¿Si le amaba?
¡Ah!... Yo le vi nacer, que ya escudero
entonces era de su heroico padre;
pero ¡cuántas desgracias!... ¡Oh recuerdos!...
Perdonad mi dolor. ¡Ay!, me parece
que al infeliz Reynal ora estoy viendo,
cuando armado salió para el combate,
donde fuer cautivado... Un dulce beso

di a su frente al ceñirle el rico casco,
que ornaba un blanco airón. ¡Qué noble fuego
en sus ojos ardía!... ¡Desdichado!
No le he vuelto a ver más... Aquel perverso
de Clariñar se lo entregó a los persas,
con otros veinte jóvenes guerreros.
¡Cuál fuer la pena de su amante padre!...
Pero ¿os estremecéis? ¡Ah, si vos mismo
le hubierais conocido!... ¡Cuán gallardo!
Del quinto lustro ya no andaba lejos...
La edad vuestra, a mi ver... ¡Oh triste joven!
¡Hijo infeliz del infelice Alberto!...
¿Por qué la horrible muerte no ha segado
de este inútil anciano el débil cuello,
en vez del hilo de tu amada vida?...
¡Ay, cuánto luto y lágrimas y duelo
causarás a Aquitania, que, anhelosa,
ansiaba quebrantar tus duros hierros!

Reynal   ¿Que con Eudón, decís, no está contenta?

Arnaldo   ¡Eudón!... De estos estados el gobierno
tomó, a falta del joven sin ventura,
que allá en Jerusalén, ¡oh Dios!, ha muerto.
Y hoy su dominio afirma para siempre,
pues le une con Elisa el himeneo.

Reynal   ¿Con Elisa...?

Arnaldo   Señor, es una hermana
del infeliz Reynal.

Reynal   ¡Qué escucho!... ¡Cielos!
¿Y ella accede gustosa...?

Arnaldo	Ayer el duque,
	a este fin, la sacó del monasterio
	donde educada está; pero imagino
	que su inocente y virtuoso pecho
	resiste el duro enlace... Mas ¿qué puede
	su repugnancia, ¡ay Dios! contra el supremo
	querer de Eudón?... ¿Acaso hay quien se atreva
	a contrariar en algo sus deseos?...
Reynal	Qué, ¿tanto el pueblo le respeta y ama,
	o tanto teme...?
Arnaldo	Todos con respeto
	lo miramos, señor; siempre leales
	los aquitanos y sumisos fueron.
	Pero en Reynal su amor cifrado estaba,
	y el cobrar a Reynal era su anhelo.
	Él era la esperanza del estado;
	nadie más que él reinaba en nuestros pechos.
Reynal	¿Y cómo si en edad tan tierna el triste
	dejó estos muros y el hogar paterno
	os acordabais de él?... ¿Y qué esperanzas
	de él pudo concebir, decid, el pueblo?
Arnaldo	¡Ay señor! De su padre malhadado
	latía la sangre en su inocente pecho.
	Y el hijo de aquel padre no podía
	sino ser héroe, justo, amable y bueno.
	¡Oh mundo miserable!... El virtuoso,
	¡el que puede a los hombres dar consuelo!,
	desaparece de tu faz, y en tanto,
	el malo triunfa, y bárbaro y soberbio,

                    oprime entronizado a los mortales
                    y dilata sus años largo tiempo,
                    colmado de ventura y de delitos...
                    ¡Gran Dios! Humilde, adoro los decretos
                    de tu alta inescrutable providencia.
                    Si al opresor toleras y al protervo,
                    el brazo de tu ira les prepara
                    un castigo sin fin, sin fin tormentos.
                    Mas ¿dó me arrastra mi aflicción?... ¿Adónde
                    mi afanoso penar? ¡Oh, caballero,
                    perdonad estas lágrimas copiosas
                    a la lealtad de un angustiado viejo!
                    De amargura cubiertas estas canas,
                    de amargura se ven desde el momento,
                    desde la hora fatal, que entre mis brazos
                    murió el heroico y malhadado Alberto.
                    ¡Sí, en mis brazos murió!... Los asesinos...

Reynal   Basta, basta, no más. ¡Fatal recuerdo!
                    ¡Padre, adorado padre! Aún hay leales...
                    Aún quien venere tu memoria encuentro.
                    Aún respira tu hijo... Sí: ¡venganza!
                    ¿Venganza quieres?... La tendrás.

Arnaldo   ¡Oh cielos!
                    ¿Qué dice vuestro labio? Un sudor frío
                    inunda en torno mis cansados miembros.
                    Un pálido temblor... ¿Quién sois? ¿Por dicha...?

Reynal   Arnaldo, Arnaldo fiel, llega a mi seno.
                    No más fingir: yo soy Reynal.

Arnaldo   ¿Qué escucho?

Reynal	Mira esta cicatriz, que tu desvelo
	me curó de la flecha silbadora
	que en Jope recibí. Mira en mi seno
	la cruz pendiente que me dio mi padre
	al salir al combate, y que consuelo
	fuer allá en mi esclavitud. ¿Me reconoces?
Arnaldo	Dad que ciñan mis brazos vuestro cuello.
	¿No os he de conocer? Vos sois, no hay duda.
	Bese yo vuestros pies y muera luego.
	¡Señor!... ¡Señor!... ¡Oh día el más felice
	de cuantos respiré...! Sépalo el pueblo;
	sepa que su Reynal, libre y gallardo,
	en Aquitania está... Ya no te temo,
	¡oh muerte!, llévame, que ya descanso,
	pues cobré a mi señor, será tu sueño.
	Yo corro a publicar...
Reynal	Arnaldo amigo,
	¿adónde tu lealtad te arrastra? ¡Oh cielos!
	¿Sabes acaso, anciano venerable,
	el peligro inminente en que me encuentro?
	Todo lo ignoras, ¡ay de ti! Mi labio
	te hará patente tan fatal secreto,
	y temblarás.
Arnaldo	Señor...
Reynal	Si me conoces
	por sucesor del desdichado Alberto,
	por tu duque y señor...
Arnaldo	A vuestras plantas
	pleito homenaje...

Reynal	Arnaldo, satisfecho estoy de tu lealtad. Jura en mis manos sepultar en hondísimo silencio que yo estoy vivo y libre, hasta que llegue la ocasión anhelada...
Arnaldo	El alto Cielo en la mansión del báratro profundo me hunda si tu mandato no obedezco. Soy fiel, soy sigiloso...
Reynal	De tus prendas tendrás, Arnaldo, el merecido premio. Mas dime: ¿viven Boemundo y Mouti?
Arnaldo	Cuando volví a la Francia con los restos de los nobles valientes aquitanos que a Palestina con tu padre fueron, estos estados míseros ardían de la discordia en el horrible fuego y al furor de los bandos y facciones, Boemundo y Mouti víctimas cayeron de su noble lealtad, también Ricardo y el denodado Enrico y otros ciento. Que todo fuer matanza, horror y sangre, hasta que al fin Eudón consiguió el cetro.
Reynal	¡Oh Dios!... ¿Y Linel?...
Arnaldo	Vive retirado en el antiguo y santo monasterio contiguo a este palacio. Allí, sumido en el descanso y paz, goza sereno

	el aura dulce de la santa vida.
Reynal	Y dime, amigo Arnaldo... Mas ¿qué veo? ¿Quién llega a este lugar?...
Arnaldo	Es vuestra hermana
Reynal	Aléjate de aquí. Luego podremos con mayor detención...
Arnaldo	Señor, acaso...
Reynal	Auséntate, ¡oh mi amigo!
Arnaldo	Os obedezco.

Escena II
Reynal, solo

Reynal	¿Aun más fingir?... ¡Oh Dios!... ¡Mi dulce hermana! ¿Y no la he de estrechar contra mi pecho?... Es harto joven... De sus tiernos años... No es prudencia arriesgar tanto secreto. Ya llega. Sí; disimular me cumple.

Escena III
Reynal y Elisa

Elisa	¿Sois vos?... Señor... ¿Sois vos?...
Reynal	¿Quién?... ¡Dios eterno! Yo soy... Mas ¿preguntáis...? ¡Ah!... ¿Por ventura...?
Elisa	Qué, señor, ¿no sois vos, el caballero

	que a este palacio trajo la noticia, desde Chipre, del fin triste y funesto del infeliz Reynal?...
Reynal	Yo... Sí, señora.
Elisa	¿Conque no hay que dudarlo?... ¡Santo Cielo! Ya todo lo perdí..., todo... ¡Infelice! Solo me resta llanto y luto eterno.
Reynal	¿Llanto y luto, señora...? ¿Llanto y luto, cuando van los placeres de himeneo a coronar tu plácida existencia, dando a tus manos de Aquitania el cetro?
Elisa	¿Qué pronunciáis, señor?... Antes la muerte. ¿Placeres para mí? Ya concluyeron. La esperanza de verme entre los brazos de mi hermano, ¡oh dolor!, lo fuer algún tiempo. Mas ya, ¡desventurada!, suerte adversa. ¿En dónde mi aflicción tendrá consuelo?... Vuelva por siempre el claustro retirado a ocultar mi afanoso abatimiento.
Reynal	¿Y así el cariño desecháis, esquiva, de Eudón?... Decid... ¿Y así...?
Elisa	Yo le respeto, mas nunca le amaré, ni a sus propuestas puede acceder jamás mi triste pecho.
Reynal	¿Conque jamás concederéis la mano...?
Elisa	Jamás, jamás. Lo juro; el alto Cielo

conoce la verdad de mis palabras.

Reynal
Y yo también.

Elisa
¡Señor!... Pero ¿qué advierto...? ¿Os demudáis?...

Reynal
¡Elisa!...

Elisa
¿Qué?...

Reynal
¡Ay Elisa! ¿Dó el cariño me arrastra?

(Aparte.)
El lazo estrecho de la dulce amistad me unió a tu hermano. Y...

Elisa
¿Erais su amigo vos?... ¿Dónde?...

Reynal
Secreto prometedme, señora. En Aquitania ocultar mi amistad con Reynal debo, y la causa sabréis y tales nuevas, que harto os importarán.

Elisa
Mas ¿qué misterio, que no me es dado penetrar...? ¡Oh amigo de mi hermano infeliz! Decidme, os ruego...

Reynal
¡Tierna Elisa!... Reynal... ¡Oh Dios! ¿Quién llega?

Elisa
¡Ay!... Linser, el amigo y consejero del duque Eudón.

Reynal   Disimulad, Elisa.
Ved que si no por siempre nos perdemos.

Escena IV
Reynal, Elisa y Linser

Linser   Señora, ¿en este sitio...?

Reynal   De mi labio
quiso escuchar el trágico suceso
de su hermano infeliz...

Elisa   Sí; ¡dura suerte!,
Linser, ya no me resta ni el consuelo
de poderlo dudar... ¡Desventurada!
A la nueva cruel cumplido asenso
negué, porque en mi mente no cabía
este golpe fatal... Mas, ¡ay!, es cierto
y no lo dudo ya... Murió mi hermano.
Le perdí para siempre... ¡Dios eterno!

Linser   Y ¿qué lográis con vuestro inútil llanto?...
Templadlo un poco, hermosa Elisa, os ruego,
y escuchadme tranquila. A vuestra estancia
os fuí a buscar; al ver que no os encuentro
corro todo palacio, y mi ventura
me os depara, por fin. ¡Oh caballero!
Si os place, retiraos.

Reynal   (Aparte, menos el último verso.)
                        ¿Aún éste oprobio?
¿Aún hay más tolerar?... Bien, ya me ausento.

Escena V
Elisa y Linser

Elisa   ¿Qué pretendéis, Linser, de esta infelice,
que con tal aparato y tal secreto
la venís a buscar?

Linser   La negra suerte
que os persigue sin fin piadoso veo,
y hacer en cuanto alcance vuestra dicha
es, Elisa divina, lo que anhelo.

Elisa   ¿Vos mi dicha, Linser?...

Linser   Señora, oídme.
(Reconoce las avenidas.)
Esperad. Sin temor hablaros puedo.
¿Enlazaros pensáis a vuestro tío?

Elisa   Solo al claustro tornar es lo que pienso.

Linser   ¿Al claustro?

Elisa   Sí, Linser.

Linser   Qué, bella Elisa:
¿el ancho campo que tenéis abierto
de gloria y de poder...?

Elisa   ¡Dios!... ¿Qué pronuncia
vuestro labio?... De llanto y luto eterno
es el campo que solo me presentan
mi estrella infausta y mi destino adverso.

Linser ¡Inocente!... Educada en el retiro
de la pura virtud, del mundo lejos,
ignoráis que heredera de Aquitania
sois solamente vos... El brillo excelso,
el poder que circunda a vuestro tío,
todo, divina Elisa, todo es vuestro...
¿Y lo habéis de perder?...

Elisa Y ¿cómo puede
una débil mujer regir el cetro?
Bien en manos de Eudón está. Gustosa
a su presencia y su valor lo cedo.
Y vuelva yo a llorar mis infortunios...

Linser ¿Qué es ceder?... ¿Qué es ceder?

Elisa En este pecho
no mora la ambición.

Linser ¡Y ambición fuera!...

Elisa Eudón gobierne, pues.

Linser ¿Juzgáis que el pueblo
admitirá vuestra cesión...?

Elisa ¿Y acaso
qué ventajas lograra si el gobierno
viera en poder de una infelice joven,
perseguida sin fin del hado acerbo,
hija infelice de infelice padre?
¿O qué ventajas esperar yo puedo,
sino tal vez mayores infortunios,

cargos y funestísimos recuerdos?
¡Ay! No, jamás, jamás; anhele el solio
otra más venturosa.

Linser
                    El alto Cielo
a vos os designó para ocuparlo,
y contrariar no es dado sus decretos.
Si vuestros tiernos años juveniles
de experiencia carecen y de esfuerzo,
aún hay en Aquitania, ¡oh bella Elisa!,
prudentes y esforzados caballeros
que os servirán leales con sus armas
y con su autoridad y sus consejos.
En ellos elegir debéis esposo,
que afirme vuestra herencia... Y algún pecho,
que arde por vos en insaciable llama
pronto está, hermosa Elisa...

Elisa
                        ¡Ah! No pretendo
más que volver al plácido retiro...

Linser
No; no debéis volver. El trono excelso
os llama en alta voz. Harto conozco
que hay que vencer estorbos, hollar riesgos
para llegar a él... Pero ¿qué importa?
Nada... Aquí me tenéis... Estoy resuelto
a hacer todo por vos... Vuestra inocencia,
vuestro candor, los infortunios mesmos
que os acosan, ¡oh Elisa!, desde el punto
que abristeis a la luz los ojos bellos,
me interesan por vos. Y por serviros
diera mi sangre y vida... ¡Ah!... ¡Si por premio
lograra yo...! Mas..., ¡ay!, divina Elisa,
que perdonéis mi agitación espero...

39

	Educada en el claustro silencioso, ignoráis la vehemencia, los efectos de una ardiente pasión... ¡Cielos!... ¿Qué digo? Este brazo, señora, y este acero en vuestro auxilio son. Amor los rige inflamando a la par aqueste pecho: no seáis ingrata. ¡Oh Dios!, subid, subid al punto al trono augusto, al venerando imperio.
Elisa	No os entiendo, Linser... ¡Ay!, si ocuparlo quisiera yo, decid: ¿no era más cierto ceder a las instancias de mi tío?...
Linser	¿Qué decís?... ¡Inocente!... ¡Dios eterno!... ¿Uniros con Eudón?... ¿Con vuestro tío?... Si consintierais tal..., ¡sagrado Cielo!, llegara día de terror, de espanto en que, rasgado un tenebroso velo, que no os es dado penetrar, la muerte, la muerte demandareis por remedio de involuntario error... Todos los males del orbe, los más hórridos tormentos, las penas que os circundan y os agobian y los mismos suplicios del infierno, nada fueran, ¡oh Elisa!, comparados a los que desgarraran vuestro pecho. Temblad, temblad...
Elisa (Muy turbada.)	¿Qué pronunciáis?... No alcanzo... De terror me llenáis... ¡Ah!... Me estremezco... ¿Qué agitación os turba?... Me retiro... Estáis fuera de vos...
Linser	(Con extrema agitación.)

                    Sí; sorprenderos
puede tal vez Eudón en este sitio.
Guardad en profundísimo secreto
cuanto habéis escuchado de mi labio,
y sabed que en amor arde mi pecho,
y sabed que yo solo libertaros,
yo solo, y nadie más, ¡oh Elisa!, puedo
del horrible y oculto precipicio
que ante vos, infeliz, se encuentra abierto.

Acto III

Escena I
Reynal y Arnaldo

Arnaldo   Obediente, señor, a tus preceptos,
               aún pavoroso y yerto del espanto
               que me ha inspirado la horrorosa historia
               que atónito escuchara de tu labio,
               torno a las plantas, que leal venero,
               a recibir tus órdenes, ansiando
               ver la sangre inocente de tu padre
               vengada cual merece, y al tirano,
               trémulo ante tus pies, de los horrores
               de su terrible crimen abrumado,
               rendir el detestable impío cuello
               al justo impulso de tu regio brazo.

Reynal   Lo verás, lo verás. Del alto Cielo
               ya se desploma resonante el rayo
               tremendo y vengador sobre su frente,
               que, aunque a veces tolera a los malvados
               para azote del mundo, al fin los hunde
               y llega inexorable a castigarlos.

Arnaldo   Pero, ¡oh señor!, prudencia. La prudencia
               debe alumbrar tus escondidos pasos.
               Y ya que la fortuna tus cadenas
               rompió propicia, y con piadosa mano
               te arrancó de los muros de Solima,
               te ocultó del infame Rotolando,
               te trajo disfrazado hasta Aquitania,
               hasta tu alcázar mismo, hasta mis brazos,
               la benigna influencia de los cielos

	no malogremos pues. Es necesario esperar la ocasión. Y la cautela, y el sigilo, y la astucia, y el recato coronarán tus justas intenciones.
Reynal	Y qué, ¿aún más esperar?... El Cielo santo dé tolerancia a mi indignado pecho para tanto sufrir. Avergonzado estoy ya de ocultar mi egregio nombre delante del traidor... ¡Ah!... No es de honrados que la justicia en su demanda tienen, apelar a la fraude y al engaño. Del bueno es la verdad, y la mentira, el arma del inicuo... ¡Oh fiel Arnaldo! Cada vez que a mis ojos se presenta el vil Eudón, el asesino!... ¡Cuánto, cuánto me tengo que vencer!... Mil muertes mejor quisiera... ¡Oh Dios!... ¿Con un tirano mentir yo y degradarme?... ¡Negra afrenta!
Arnaldo	Es forzoso, señor. Con los malvados que la virtud y que el honor desprecian no es delito fingir... Decidme: ¿acaso, qué esperabais lograr...?
Reynal	No envilecerme.
Arnaldo	Y sin fruto morir..., ¡joven incauto! La numerosa y formidable guardia custodia en derredor este palacio; nunca el usurpador se encuentra solo; le guardan dondequier sus partidarios. Y, cual notaste, siempre receloso, cuando se deja ver, es rodeado

                    de sus viles satélites; que el miedo
                    siempre fuer patrimonio de tiranos.
                    Fuera en vano intentar el sorprenderle...
                    ¿Qué alcanzarás, ¡ay triste!, si obcecado
                    de tu justicia y vengador enojo,
                    rienda a tu juvenil esfuerza dando,
                    descubrieras tu nombre el duro acero
                    esgrimiendo sin fruto?... Hecho pedazos
                    fueras, ¡ay!, al momento... Y qué, ¿tu vida
                    es solo tuya?... No; que es del Estado,
                    de tu hermana infeliz y de la sombra
                    del grande Alberto. El Cielo aquí te trajo,
                    no sin fruto a morir, ¡oh amado joven!
                    A librar a tu pueblo y ser amparo
                    de una inocente y a vengar a un padre.

Reynal   ¡Amigo!... ¡Qué! Si objetos tan sagrados
                    no ocuparan mi mente toda entera,
                    ¿piensas que tolerar tiempo tan largo
                    pudiera yo?... ¡Jamás!

Arnaldo   Aún hay valientes,
                    y volarán ansiosos a ayudaros;
                    el pueblo que, oprimido y taciturno,
                    sus hierros baña en impotente llanto,
                    cuando de Eudón comprenda los delitos,
                    la horrible usurpación, los atentados;
                    cuando advierta que dobla la rodilla
                    a un asesino, a un monstruo; horrorizado
                    el dócil lloro en varonil denuedo
                    para vengar tu trono, y sus agravios
                    tornará; y al mirarte a su cabeza,
                    las brilladoras armas empuñando,
                    no habrá más tolerar, y en rabia ardiendo

                        te seguirá do quier.

Reynal   Amigo Arnaldo,
                        tus prudentes consejos, la experiencia
                        del venerable curso de tus años
                        templan mi arrojo juvenil... Sí, amigo,
                        asegurar el golpe es necesario,
                        pues el bien de mi pueblo y mi venganza
                        depende de él... Mas dime: ¿has avisado
                        a mi hermana infeliz que, en el momento
                        que cual suele saliera de palacio
                        Eudón, viniera a este lugar, y sola?

Arnaldo   Ya está advertida. Mas decid: ¿acaso
                        intentáis descubrir...?

Reynal   Es ya forzoso;
                        temo que el vil Eudón logre su mano
                        a favor de la bárbara violencia
                        de su inocente juventud triunfando.
                        ¿No ves con qué premura se prepara
                        para hoy mismo la pompa y aparato?
                        Él no cede jamás de sus intentos...
                        ¿Y ella sola pudiera contrariarlos?...
                        Sepa quién soy, quién es, quién el vil monstruo
                        que pretende feroz tan torpe lazo,
                        y dando brío a su sencillo pecho
                        el encontrar en mí su único amparo,
                        osará resistir hasta que llegue
                        el momento que ansiosos esperamos,
                        y que pronto será. Sí; en cuanto tienda
                        la ansiada noche el tenebroso manto
                        ambos iremos con silencio oculto
                        a buscar a Linel dentro del santo

	albergue donde vive. Él de mi padre, de mi padre infeliz, ¡recuerdo amargo!, fuer tierno amigo, y la amistad no muere en pechos do hay virtud. Entre sus brazos recibirá de Alberto al triste hijo, que oirá sumiso sus consejos sabios. Y el de Aquitania a nobles, y caudillos, y al pueblo, y caballeros, y prelados convocará en el templo, y todos, todos...
Arnaldo	Ved que Elisa, ¡oh Reynal!, dirige el paso hacia este sitio.
Reynal	¿Elisa?... Yo no puedo con ella fingir más... Venga a mis brazos.
Arnaldo	Es tan joven, señor...
Reynal	Pero es mi sangre.

Escena II
Reynal, Arnaldo y Elisa

Elisa	Anhelosa, señor, vuelvo a buscaros a vos, a quien unió la amistad tierna al infeliz Reynal. ¡Ay!, vuestro labio de confusión y de terribles dudas llenó mi pecho. ¡Oh Dios!
Reynal	De ella sacaros es justo, Elisa... ¡Cielos!
Elisa	¿Qué os detiene?...

Reynal	Mi ansioso corazón lo está anhelando. Mas ¿qué esperáis oír?... ¡Ay triste!... Horrores, y delitos sin fin, que no escucharon jamás vuestros oídos inocentes. Temblad...
Arnaldo	Más os valiera el ignorarlos.
Elisa	¿Qué?... Decid... ¿Los impíos sarracenos entre martirios a mi triste hermano le robaron el ser?... Las crueldades, los horribles tormentos de que usaron con Reynal infeliz sean patentes a su hermana... ¡Oh dolor!...
Reynal	Templad el llanto. Otras atrocidades más terribles son las que escucharéis. De vuestro hermano no lamentéis la muerte.
Elisa	¡Ay desdichada! En él perdí mi dicha y todo cuanto me restaba en el mundo... ¡Ah!... ¿Qué me resta sino luto y dolor?... ¿Qué?...
Arnaldo	Sosegaos, que tal vez la divina Providencia pronto le ha de volver a vuestros brazos.
Elisa	Cuando al reposo eterno de la tumba me arrastren mi penar y mis quebrantos.
Reynal	No, tierna Elisa, no...

Elisa	Pues qué, ¿los cielos, compadecidos de mi lloro amargo, del mudo seno del sepulcro frío, le tornarán de nuevo a mis halagos?... No abusad, ¡ay!, de mi dolor...
Reynal	¡Elisa! Consuélate, ¡inocente! Oye: tu hermano vive...
Elisa	¿Vive Reynal?... ¡Oh Dios eterno! ¿Por qué queréis de mi aflicción burlaros?
Reynal	Vive.
Arnaldo	No lo dudéis; vive, señora.
Elisa	¿Qué decís?... ¿Cómo?... Venerable Arnaldo..., y vos, ¡oh caballero!, ¿no habéis sido el que la nueva de su muerte trajo? ¿Por qué contradecís?... ¿A esta infelice...?
Reynal	¡Ay Elisa!...
Arnaldo	Señora...
Reynal	Sí; tu hermano vive, y el yugo atroz del sarraceno logró romper; y el poderoso brazo del dios de las venganzas le ha traído por ministro de cólera y estrago al señor de Aquitania, y animoso será tu vengador, será tu amparo, y aquí le tienes, dulce hermana mía.

	Mírame: Reynal soy; llega a mis brazos.
Elisa	¿Es sueño?... ¿Tú, Reynal?
Arnaldo	Él es, señora.
Elisa	¿Él es? ¿Él es? ¡Oh cielos!... ¡Ay hermano!, ¡hermano de mi alma!...¡Oh gozo!
Arnaldo	¡Oh día, de horror a un tiempo y de placer!... ¡Oh cuadro el más grato a mis ojos!...
Elisa	Reynal mío ¿por qué, di, tan cruel, tan inhumano este dulce momento a mi ternura y a mi fraterno amor has retardado?
Reynal	Llega otra vez a mi agitado seno, ¡ay adorada Elisa!... El Cielo santo sabe lo que ha costado al pecho mío fingir contigo, ¡oh Dios! Pero mi labio ora el secreto horrible, que aún ignoras, te hará patente, y temblarás.
Arnaldo	¡Acaso puede volver Eudón, señor!
Reynal	Tú, alerta, observa cuidadoso, y en notando...
Arnaldo	Descansa en mi lealtad.

Escena III
Reynal y Elisa

Elisa   ¡Crueles dudas!
¿Cómo, amado Reynal, cómo has logrado
romper el yugo y bárbaras cadenas?...
¿Por qué, di, entre los tuyos disfrazado?
¿Por qué tanta cautela?... ¿Tanto sustento?...
¿Tamaña turbación? ¡Ay!... Yo no alcanzo...

Reynal   Escúchame, infeliz: oye la historia,
la historia horrible y el destino infausto
de tu triste familia malhadada.
Voy a rasgar el velo ensangrentado
que en torno te circunda... Oye delitos,
reconoce el furor del pecho humano.

Elisa   Acaba...

Reynal   Eudón, Eudón, ese perverso...
¿Ves este acero?... Pues el Cielo santo
le dio para instrumento de venganza
a esta diestra, que abrir está anhelando
con él su aleve pecho, y a esto solo,
y a nada, a nada más, a su palacio
vuelve Reynal.

Elisa   ¡Reynal! ¡Cielos! ¿Qué dices?

Reynal   Él me vendió a los persas por esclavo,
él aumentó mis hórridas prisiones,
él, el pérfido fuer que, emponzoñado
de ambición y de envidia el pecho infame,

	armó alevoso la traidora mano,
	que a tu padre infeliz, al grande Alberto,
	hundió inclemente en el sepulcro helado.

Elisa   ¡Qué horror!... ¡Tantos delitos!... ¿Es posible
que cabe tal furor en pecho humano?
¿Qué más hicieran los feroces tigres?...
¿Y a ese monstruo cruel los dulces lazos
del himeneo...? ¡Ay triste!... El pecho mío
de un oculto terror, aun de mirarlo
sobrecogido estaba... Era la sangre
de mi padre infeliz... ¡Oh dulce hermano
¡Oh secreto fatal!

Reynal   ¿Tiemblas?... Escucha:
no vil temblor, esfuerzo es necesario.
Ya llega el día, el día de venganza.

Elisa   ¿Y su poder?

Reynal   ¿Qué importa?... Los tiranos
nunca tiene poder que los liberte,
cuando hay virtud y un decidido brazo.

Elisa   Pero dime, Reynal: ¿cómo supiste
en cautiverio tan penoso y largo...?

Reynal   Nunca duran ocultos los delitos,
que es fuerza tengan su debido pago.
El traidor Clariñac, que era un perverso,
del vil Eudón ministro sanguinario,
que me entregó a las bárbaras cadenas,
que fraguó el horroroso asesinato,
cautivo fuer por fin, que nunca el Cielo

deja sin su castigo a los malvados.
En las hondas mazmorras de Solima
cabe mi los infieles le aherrojaron,
y allí arrastró la mísera existencia
en silencio tenaz algunos años.
Hasta que el filo agudo de la muerte
dio justo fin a su maldad, y estando
en las postreras ansias, oprimido
de sus negros delitos y arrojando
horrísonas y bárbaras blasfemias,
me descubrió el horrible asesinato
y rindió el alma vil... Desde aquel punto
mi pecho en ira ardió, y horrorizado,
juré justa venganza... Sí; venganza.
Y en el silencio de la noche, acaso
más, de una vez, el sanguinoso espectro
de mi padre infeliz se ha presentado
a mi agitada y angustiosa mente,
lívido y yerto, la venganza ansiando.
Y vengado serás, ¡oh padre mío!,
y vengado serás, que ya a mis brazos
no oprimen los pesados eslabones,
ya los pude romper, y en tu palacio
estoy, en tu palacio, que profana
tu aleve matador... ¿Y ya qué aguardo?
¿Aún vive?... ¿Y libre estoy?...

Elisa   ¿Dónde te arrastra
tu dolor?... ¡Infeliz!... Detén el paso.
¿Dónde vas?... ¿Dónde vas?...

Reynal   A la venganza.

Elisa   ¡A morir!... ¿Tu peligro, triste hermano,

	no ves?... ¡Ay!... ¿Y me dejas?...
Reynal	Solo veo el cadáver sangriento y destrozado de mi padre infeliz, que sangre anhela, ya mi tardanza tímida culpando.
Elisa	¿Dónde tu justa cólera te lleva? ¿No ves que estás en los fraternos brazos?... ¿No ves que eres mi escudo?
Reynal	¡Oh Dios!... ¡Elisa!... ¿Eres tú...? Sí...; mi hermana... El ser tu amparo puede tan solo contener mi arrojo. Por ti guardo mi vida... Es necesario el golpe asegurar... Elisa mía, jura beber la sangre del tirano y estrechada a mi seno en ira horrenda inflama el corazón...
Elisa	¡Reynal amado!... Pero ¿qué miro?... ¡Oh Dios!... Linser se acerca. Huye, y no para siempre nos perdamos. ¡Huye!
Reynal	¿Linser o Eudón?...
Elisa	Huye al momento, medita el golpe...
Reynal	Huir...
Elisa	Si no, frustrados tus intentos serán.

Reynal   Pronto en su sangre
veré empapadas con placer mis manos.

Escena IV
Elisa y Linser

Linser   (Al entrar se detiene en el fondo del teatro
hasta concluir los cuatro primeros versos.)
¿Otra vez con Clonard?... ¿Y demudada
sorpresa, turbación, ternura, espanto
manifiesta a la par?... ¡Clonard!... ¡Oh cielos!...
¿No estaba, ¡ay de mí!, triste entre sus brazos?
Pero ¿qué me detengo? Elisa hermosa,
anheloso otra vez vengo a buscaros,
del vivo fuego que mi pecho abrasa
agitado sin fin... Ya sofocarlo
por más tiempo no puedo. Eudón muy pronto
debe a éste alcázar retornar, y en tanto,
quisiera yo...

Elisa   ¡Linser!

Linser   ¿Qué manifiesta
vuestro semblante?... ¡Elisa!...

Elisa   ¡Cielos santos!

Escena V
Linser, solo

Linser   ¿Huye de mí?... ¿Qué es esto?... ¡Elisa, Elisa!
Ese joven..., no hay duda, al oír mis pasos
veloz huyó... ¿Y Elisa le abrazaba?

Sí; le abrazaba... ¡Dios eterno! ¿Acaso
algún oculto amante...? ¿Y qué lo dudo?
¿Y mis designios quedarán frustrados?
¿La tierna Elisa...? Sí... Yo no, ¡pues nadie!
¡Amor!... ¡Celos crueles! Se burlaron
mi pasión, mis intentos... Pues al punto
Eudón lo sepa. Al punto, partidario
suyo seré otra vez. Él solo puede,
sin advertir mi amor feroz, vengarlo.

Acto IV

Escena I
Reynal y Arnaldo

Arnaldo
        Obediente, señor, a tus preceptos,
        aún pavoroso y yerto del espanto
        que me ha inspirado la horrorosa historia
        que atónito escuchara de tu labio,
        torno a las plantas, que leal venero,
        a recibir tus órdenes, ansiando
        ver la sangre inocente de tu padre
        vengada cual merece, y al tirano,
        trémulo ante tus pies, de los horrores
        de su terrible crimen abrumado,
        rendir el detestable impío cuello
        al justo impulso de tu regio brazo.

Reynal
        Lo verás, lo verás. Del alto Cielo
        ya se desploma resonante el rayo
        tremendo y vengador sobre su frente,
        que, aunque a veces tolera a los malvados
        para azote del mundo, al fin los hunde
        y llega inexorable a castigarlos.

Arnaldo
        Pero, ¡oh señor!, prudencia. La prudencia
        debe alumbrar tus escondidos pasos.
        Y ya que la fortuna tus cadenas
        rompió propicia, y con piadosa mano
        te arrancó de los muros de Solima,
        te ocultó del infame Rotolando,
        te trajo disfrazado hasta Aquitania,
        hasta tu alcázar mismo, hasta mis brazos,
        la benigna influencia de los cielos

	no malogremos pues. Es necesario esperar la ocasión. Y la cautela, y el sigilo, y la astucia, y el recato coronarán tus justas intenciones.
Reynal	Y qué, ¿aún más esperar?... El Cielo santo dé tolerancia a mi indignado pecho para tanto sufrir. Avergonzado estoy ya de ocultar mi egregio nombre delante del traidor... ¡Ah!... No es de honrados que la justicia en su demanda tienen, apelar a la fraude y al engaño. Del bueno es la verdad, y la mentira, el arma del inicuo... ¡Oh fiel Arnaldo! Cada vez que a mis ojos se presenta el vil Eudón, el asesino!... ¡Cuánto, cuánto me tengo que vencer!... Mil muertes mejor quisiera... ¡Oh Dios!... ¿Con un tirano mentir yo y degradarme?... ¡Negra afrenta!
Arnaldo	Es forzoso, señor. Con los malvados que la virtud y que el honor desprecian no es delito fingir... Decidme: ¿acaso, qué esperabais lograr...?
Reynal	No envilecerme.
Arnaldo	Y sin fruto morir..., ¡joven incauto! La numerosa y formidable guardia custodia en derredor este palacio; nunca el usurpador se encuentra solo; le guardan dondequier sus partidarios. Y, cual notaste, siempre receloso, cuando se deja ver, es rodeado

de sus viles satélites; que el miedo
siempre fuer patrimonio de tiranos.
Fuera en vano intentar el sorprenderle...
¿Qué alcanzarás, ¡ay triste!, si obcecado
de tu justicia y vengador enojo,
rienda a tu juvenil esfuerza dando,
descubrieras tu nombre el duro acero
esgrimiendo sin fruto?... Hecho pedazos
fueras, ¡ay!, al momento... Y qué, ¿tu vida
es solo tuya?... No; que es del Estado,
de tu hermana infeliz y de la sombra
del grande Alberto. El Cielo aquí te trajo,
no sin fruto a morir, ¡oh amado joven!
A librar a tu pueblo y ser amparo
de una inocente y a vengar a un padre.

Reynal ¡Amigo!... ¡Qué! Si objetos tan sagrados
no ocuparan mi mente toda entera,
¿piensas que tolerar tiempo tan largo
pudiera yo?... ¡Jamás!

Arnaldo   Aún hay valientes,
y volarán ansiosos a ayudaros;
el pueblo que, oprimido y taciturno,
sus hierros baña en impotente llanto,
cuando de Eudón comprenda los delitos,
la horrible usurpación, los atentados;
cuando advierta que dobla la rodilla
a un asesino, a un monstruo; horrorizado
el dócil lloro en varonil denuedo
para vengar tu trono, y sus agravios
tornará; y al mirarte a su cabeza,
las brilladoras armas empuñando,
no habrá más tolerar, y en rabia ardiendo

                        te seguirá do quier.

Reynal   Amigo Arnaldo,
            tus prudentes consejos, la experiencia
            del venerable curso de tus años
            templan mi arrojo juvenil... Sí, amigo,
            asegurar el golpe es necesario,
            pues el bien de mi pueblo y mi venganza
            depende de él... Mas dime: ¿has avisado
            a mi hermana infeliz que, en el momento
            que cual suele saliera de palacio
            Eudón, viniera a este lugar, y sola?

Arnaldo   Ya está advertida. Mas decid: ¿acaso
            intentáis descubrir...?

Reynal   Es ya forzoso;
            temo que el vil Eudón logre su mano
            a favor de la bárbara violencia
            de su inocente juventud triunfando.
            ¿No ves con qué premura se prepara
            para hoy mismo la pompa y aparato?
            Él no cede jamás de sus intentos...
            ¿Y ella sola pudiera contrariarlos?...
            Sepa quién soy, quién es, quién el vil monstruo
            que pretende feroz tan torpe lazo,
            y dando brío a su sencillo pecho
            el encontrar en mí su único amparo,
            osará resistir hasta que llegue
            el momento que ansiosos esperamos,
            y que pronto será. Sí; en cuanto tienda
            la ansiada noche el tenebroso manto
            ambos iremos con silencio oculto
            a buscar a Linel dentro del santo

	albergue donde vive. Él de mi padre,
	de mi padre infeliz, ¡recuerdo amargo!,
	fuer tierno amigo, y la amistad no muere
	en pechos do hay virtud. Entre sus brazos
	recibirá de Alberto al triste hijo,
	que oirá sumiso sus consejos sabios.
	Y el de Aquitania a nobles, y caudillos,
	y al pueblo, y caballeros, y prelados
	convocará en el templo, y todos, todos...

Arnaldo   Ved que Elisa, ¡oh Reynal!, dirige el paso
              hacia este sitio.

Reynal   ¿Elisa?... Yo no puedo
              con ella fingir más... Venga a mis brazos.

Arnaldo   Es tan joven, señor...

Reynal   Pero es mi sangre.

Escena II
Reynal, Arnaldo y Elisa

Elisa   Anhelosa, señor, vuelvo a buscaros
              a vos, a quien unió la amistad tierna
              al infeliz Reynal. ¡Ay!, vuestro labio
              de confusión y de terribles dudas
              llenó mi pecho. ¡Oh Dios!

Reynal   De ella sacaros
              es justo, Elisa... ¡Cielos!

Elisa   ¿Qué os detiene?...

Reynal	Mi ansioso corazón lo está anhelando. Mas ¿qué esperáis oír?... ¡Ay triste!... Horrores, y delitos sin fin, que no escucharon jamás vuestros oídos inocentes. Temblad...
Arnaldo	Más os valiera el ignorarlos.
Elisa	¿Qué?... Decid... ¿Los impíos sarracenos entre martirios a mi triste hermano le robaron el ser?... Las crueldades, los horribles tormentos de que usaron con Reynal infeliz sean patentes a su hermana... ¡Oh dolor!...
Reynal	Templad el llanto. Otras atrocidades más terribles son las que escucharéis. De vuestro hermano no lamentéis la muerte.
Elisa	¡Ay desdichada! En él perdí mi dicha y todo cuanto me restaba en el mundo... ¡Ah!... ¿Qué me resta sino luto y dolor?... ¿Qué?...
Arnaldo	Sosegaos, que tal vez la divina Providencia pronto le ha de volver a vuestros brazos.
Elisa	Cuando al reposo eterno de la tumba me arrastren mi penar y mis quebrantos.
Reynal	No, tierna Elisa, no...

Elisa	Pues qué, ¿los cielos, compadecidos de mi lloro amargo, del mudo seno del sepulcro frío, le tornarán de nuevo a mis halagos?... No abusad, ¡ay!, de mi dolor...
Reynal	¡Elisa! Consuélate, ¡inocente! Oye: tu hermano vive...
Elisa	¿Vive Reynal?... ¡Oh Dios eterno! ¿Por qué queréis de mi aflicción burlaros?
Reynal	Vive.
Arnaldo	No lo dudéis; vive, señora.
Elisa	¿Qué decís?... ¿Cómo?... Venerable Arnaldo..., y vos, ¡oh caballero!, ¿no habéis sido el que la nueva de su muerte trajo? ¿Por qué contradecís?... ¿A esta infelice...?
Reynal	¡Ay Elisa!...
Arnaldo	Señora...
Reynal	Sí; tu hermano vive, y el yugo atroz del sarraceno logró romper; y el poderoso brazo del dios de las venganzas le ha traído por ministro de cólera y estrago al señor de Aquitania, y animoso será tu vengador, será tu amparo, y aquí le tienes, dulce hermana mía.

                    Mírame: Reynal soy; llega a mis brazos.

Elisa   ¿Es sueño?... ¿Tú, Reynal?

Arnaldo   Él es, señora.

Elisa   ¿Él es? ¿Él es? ¡Oh cielos!... ¡Ay hermano!,
                    ¡hermano de mi alma!...¡Oh gozo!

Arnaldo   ¡Oh día,
                    de horror a un tiempo y de placer!... ¡Oh cuadro
                    el más grato a mis ojos!...

Elisa   Reynal mío
                    ¿por qué, di, tan cruel, tan inhumano
                    este dulce momento a mi ternura
                    y a mi fraterno amor has retardado?

Reynal   Llega otra vez a mi agitado seno,
                    ¡ay adorada Elisa!... El Cielo santo
                    sabe lo que ha costado al pecho mío
                    fingir contigo, ¡oh Dios! Pero mi labio
                    ora el secreto horrible, que aún ignoras,
                    te hará patente, y temblarás.

Arnaldo   ¡Acaso
                    puede volver Eudón, señor!

Reynal   Tú, alerta,
                    observa cuidadoso, y en notando...

Arnaldo   Descansa en mi lealtad.

Escena III
Reynal y Elisa

Elisa　　　　　　　　　　　¡Crueles dudas!
¿Cómo, amado Reynal, cómo has logrado
romper el yugo y bárbaras cadenas?...
¿Por qué, di, entre los tuyos disfrazado?
¿Por qué tanta cautela?... ¿Tanto sustento?...
¿Tamaña turbación? ¡Ay!... Yo no alcanzo...

Reynal　　　　Escúchame, infeliz: oye la historia,
la historia horrible y el destino infausto
de tu triste familia malhadada.
Voy a rasgar el velo ensangrentado
que en torno te circunda... Oye delitos,
reconoce el furor del pecho humano.

Elisa　　　　Acaba...

Reynal　　　　　Eudón, Eudón, ese perverso...
¿Ves este acero?... Pues el Cielo santo
le dio para instrumento de venganza
a esta diestra, que abrir está anhelando
con él su aleve pecho, y a esto solo,
y a nada, a nada más, a su palacio
vuelve Reynal.

Elisa　　　　　　　¡Reynal! ¡Cielos! ¿Qué dices?

Reynal　　　　Él me vendió a los persas por esclavo,
él aumentó mis hórridas prisiones,
él, el pérfido fuer que, emponzoñado
de ambición y de envidia el pecho infame,

	armó alevoso la traidora mano,
	que a tu padre infeliz, al grande Alberto,
	hundió inclemente en el sepulcro helado.

Elisa   ¡Qué horror!... ¡Tantos delitos!... ¿Es posible
que cabe tal furor en pecho humano?
¿Qué más hicieran los feroces tigres?...
¿Y a ese monstruo cruel los dulces lazos
del himeneo...? ¡Ay triste!... El pecho mío
de un oculto terror, aun de mirarlo
sobrecogido estaba... Era la sangre
de mi padre infeliz... ¡Oh dulce hermano
¡Oh secreto fatal!

Reynal   ¿Tiemblas?... Escucha:
no vil temblor, esfuerzo es necesario.
Ya llega el día, el día de venganza.

Elisa   ¿Y su poder?

Reynal   ¿Qué importa?... Los tiranos
nunca tiene poder que los liberte,
cuando hay virtud y un decidido brazo.

Elisa   Pero dime, Reynal: ¿cómo supiste
en cautiverio tan penoso y largo...?

Reynal   Nunca duran ocultos los delitos,
que es fuerza tengan su debido pago.
El traidor Clariñac, que era un perverso,
del vil Eudón ministro sanguinario,
que me entregó a las bárbaras cadenas,
que fraguó el horroroso asesinato,
cautivo fuer por fin, que nunca el Cielo

deja sin su castigo a los malvados.
En las hondas mazmorras de Solima
cabe mi los infieles le aherrojaron,
y allí arrastró la mísera existencia
en silencio tenaz algunos años.
Hasta que el filo agudo de la muerte
dio justo fin a su maldad, y estando
en las postreras ansias, oprimido
de sus negros delitos y arrojando
horrísonas y bárbaras blasfemias,
me descubrió el horrible asesinato
y rindió el alma vil... Desde aquel punto
mi pecho en ira ardió, y horrorizado,
juré justa venganza... Sí; venganza.
Y en el silencio de la noche, acaso
más, de una vez, el sanguinoso espectro
de mi padre infeliz se ha presentado
a mi agitada y angustiosa mente,
lívido y yerto, la venganza ansiando.
Y vengado serás, ¡oh padre mío!,
y vengado serás, que ya a mis brazos
no oprimen los pesados eslabones,
ya los pude romper, y en tu palacio
estoy, en tu palacio, que profana
tu aleve matador... ¿Y ya qué aguardo?
¿Aún vive?... ¿Y libre estoy?...

Elisa   ¿Dónde te arrastra
tu dolor?... ¡Infeliz!... Detén el paso.
¿Dónde vas?... ¿Dónde vas?...

Reynal   A la venganza.

Elisa   ¡A morir!... ¿Tu peligro, triste hermano,

no ves?... ¡Ay!... ¿Y me dejas?...

Reynal
Solo veo
el cadáver sangriento y destrozado
de mi padre infeliz, que sangre anhela,
ya mi tardanza tímida culpando.

Elisa
¿Dónde tu justa cólera te lleva?
¿No ves que estás en los fraternos brazos?...
¿No ves que eres mi escudo?

Reynal
¡Oh Dios!... ¡Elisa!...
¿Eres tú...? Sí...; mi hermana... El ser tu amparo
puede tan solo contener mi arrojo.
Por ti guardo mi vida... Es necesario
el golpe asegurar... Elisa mía,
jura beber la sangre del tirano
y estrechada a mi seno en ira horrenda
inflama el corazón...

Elisa
¡Reynal amado!...
Pero ¿qué miro?... ¡Oh Dios!... Linser se acerca.
Huye, y no para siempre nos perdamos.
¡Huye!

Reynal
¿Linser o Eudón?...

Elisa
Huye al momento,
medita el golpe...

Reynal
Huir...

Elisa
Si no, frustrados
tus intentos serán.

Reynal   Pronto en su sangre
veré empapadas con placer mis manos.

Escena IV
Elisa y Linser

Linser (Al entrar se detiene en el fondo del teatro hasta concluir los cuatro primeros versos.)
¿Otra vez con Clonard?... ¿Y demudada
sorpresa, turbación, ternura, espanto
manifiesta a la par?... ¡Clonard!... ¡Oh cielos!...
¿No estaba, ¡ay de mí!, triste entre sus brazos?
Pero ¿qué me detengo? Elisa hermosa,
anheloso otra vez vengo a buscaros,
del vivo fuego que mi pecho abrasa
agitado sin fin... Ya sofocarlo
por más tiempo no puedo. Eudón muy pronto
debe a éste alcázar retornar, y en tanto,
quisiera yo...

Elisa   ¡Linser!

Linser   ¿Qué manifiesta
vuestro semblante?... ¡Elisa!...

Elisa   ¡Cielos santos!

Escena V
Linser, solo

Linser   ¿Huye de mí?... ¿Qué es esto?... ¡Elisa, Elisa!
Ese joven..., no hay duda, al oír mis pasos
veloz huyó... ¿Y Elisa le abrazaba?

Sí; le abrazaba... ¡Dios eterno! ¿Acaso
algún oculto amante...? ¿Y qué lo dudo?
¿Y mis designios quedarán frustrados?
¿La tierna Elisa...? Sí... Yo no, ¡pues nadie!
¡Amor!... ¡Celos crueles! Se burlaron
mi pasión, mis intentos... Pues al punto
Eudón lo sepa. Al punto, partidario
suyo seré otra vez. Él solo puede,
sin advertir mi amor feroz, vengarlo.

Acto V

Escena I
Elisa, sola

Elisa ¿En dónde le hallaré?... ¿Dónde mis pasos
dirigiré en su busca?... ¡Desdichada!
¿Qué intento?... ¡Ay infeliz!... ¿Por qué la suerte
rompió el terrible yugo que enlazaba
tu amado cuello, ¡oh Dios!, para entregarte
de estos verdugos a la atroz, venganza?...
Tal vez no existes ya...; tal vez la mano
que en la paterna sangre se empapara
habrá hundido, sañuda, el hierro impío
en tu seno, ¡ay hermano!, yo la causa
fuí de tu perdición. ¡Destino adverso!
¡Y el pueblo lo consiente?... ¿Y Aquitania
sufre tranquila que en su seno sea
sacrificado su señor? ¡Oh alta
justicia de los cielos!, ¿lo toleras?...
¡Traidores!... ¿Dónde voy, desventurada?...
A morir con Reynal... Mas ¿quién se acerca?...
¿Yo sola en este sitio?... ¿Do me arrastran
mis desdichas?...

Escena II
Linser y Elisa

Linser Señora.

Elisa ¿Quién? ¡Oh espanto!

Linser ¿Dónde, infelice, vais?... ¿De vuestra estancia
cómo osasteis salir?... Con tal peligro,

¿qué esperáis alcanzar?...

Elisa
¡Ay Linser!... Nada,
nada me arredra. Di: ¿vive mi hermano?
Solo salvarle...

Linser
Detened la planta.
Escuchadme, señora: yo, yo he sido
de este infortunio, sin querer, la causa.
Yo..., ¡Elisa!..., ardo en amor; el pecho mío
es un volcán, cuya espantosa llama
me devora...; yo os amo, y negros celos
en mí vertieron su ponzoña insana.
Perdonadme un error...; yo vuestro escudo
seré. Mi brazo y mi tajante espada
de vuestro hermano son... Mas, ¡ay!, al menos
mirad sin ceño mi pasión, no ingrata
burléis de mi dolor...; yo la existencia
defenderé de vuestro hermano.

Elisa
Basta
no más, hombre cruel; tú, partidario,
satélite del bárbaro que osara
tanto delito cometer, ¿pretendes
engañarme a la par con tus palabras?
¿Qué fe, dime, tener puedo en tu brazo,
en tus ofertas, di, qué confianza?

Linser
Señora, ¡oh Dios!..., aunque mi negra suerte
con ese monstruo bárbaro me enlaza,
jamás, jamás, ministro de sus iras,
en sangre vi mis manos salpicadas.
Si no pude oponerme a sus furores,
nunca los aplaudí. La ardiente rabia

	de una sospecha vil me hizo perverso.
	Me hizo vil delator..., mas a tus plantas
	perdón imploro ya.
Elisa	Y aunque tus manos
	en la inocente sangre no mancharas,
	dime: ¿a la usurpación nos has cooperado
	y a la opresión y engaño de la patria,
	hollando la lealtad y la justicia?...
Linser	¿Y qué en lidiar contra el poder lograra?
Elisa	Ser bueno y virtuoso: el que sostiene
	del malvado el delito, y medra, y calla,
	es también delincuente.
Linser	En desagravio
	la libertad, la vida, la venganza
	de Reynal..., ¡ay!..., Eudón, Eudón, ¡oh cielos!
	¿si habrá escuchado acaso mis palabras?...
Elisa	Ese temor es un delito.

Escena III
Elisa, Linser y Eudón

Elisa	¿Adónde,
	tirano, vas..., adónde?... ¿Aún no te sacias
	de crímenes?... Si sangre solo anhelas,
	sangre de tu familia malhadada,
	vierte la mía, cruel. Hunde en mi seno
	con risa fiera la brillante daga.
Eudón	¿Me pensabas burlar, altiva joven?

	¿Cómo salir osaste de tu estancia? ¿Qué intentas, infeliz?... Esfuerzos vanos contra de mi poder. Ya tu esperanza rendida está a mis pies... ¿En quién confías? ¿De quién socorro, por ventura, aguardas?
Elisa	Del Cielo vengador; ¡monstruo, asesino!
Eudón	¿Qué osaste pronunciar?... Tiembla, insensata.
Elisa	El crimen tiemble, la inocencia nunca.
Eudón	¡Eh!... ¡Basta de altivez, desventurada! En mi poder estás, y está en prisiones el mal aconsejado que intentaba arrancarme del trono... ¡Miserable!... Su juvenil arrojo, ¿qué lograra?...
Elisa	¡Cielos..., cielos!... ¿Lo veis?...
Eudón	¿Qué me detengo en escuchar inútiles plegarias? Tu hermano va a morir.
Elisa	¿Qué escucho? ¡Cielos! ¡Oh Dios!... ¡Monstruo!
Eudón (Saca un puñal.)	Terrible le amenaza este puñal. ¿Lo ves?...
Elisa	¡Qué horror!... ¡Soldados, aquitanos, venid..., libradle!...

Eudón	¡Calla! ¿Qué logran tus acentos impotentes, que en estos altos artesones vagan y se pierden sin fruto?... La voz mía tan solo se obedece en Aquitania... Mas ¿por qué tardo? En su iracundo pecho escóndase este acero al punto... Nada, nada le puede ya salvar...
Elisa	¡Ay triste! ¡Señor..., saciad en mí tan ciega rabia! Ensangrentad, ensangrentad la diestra antes en este seno... A vuestras plantas vedme rendida, sí; dadme la muerte, dádmela, por piedad... ¿Qué os acobarda?... ¿Qué teméis a Reynal? ¿Entre prisiones no le tenéis seguro?... ¿Ya no enlazan su cuello juvenil, sus tiernos brazos, las hórridas cadenas?... ¿Y no basta? Hundidme a mí con él en la honda sima, de ella jamás el desdichado salga, pero que viva al menos, y, entre tanto, sed el dueño absoluto de Aquitania, sin abrigar temor. Mas si os ahoga sed a sangre, bebed la de su hermana. ¿Qué os detiene?...
Eudón	¿Qué es esto?... ¿Me abandona mi esfuerzo a la impresión de sus palabras?
Elisa	Herid, herid..., cruel.
Eudón	Escucha, Elisa: ¿quieres la vida de Reynal?... Lograrla

tan solo a ti te es dado.

Elisa
¡Señor!... ¡Cielos!...
¿Yo salvarle?... ¡Gran Dios!

Eudón
Sí; se desarma
mi cólera violenta a tu atractivo.
Ven al momento, júrame en las aras
tu amor y fe, y el nudo de himeneo
enlace para siempre nuestras almas,
y vivirá Reynal.

Elisa
¿Qué pronunciaste?...
¡Oh vil verdugo!... ¡Oh fiera sanguinaria!...
¿Yo mi diestra enlazar con esa diestra
de la paterna sangre salpicada?...
¡Qué horror! ¿Yo unirme a ti? ¡Cielos! ¡Malvado!
¡Parricida!... ¡Jamás! ¡Cuál me gritara
desde el mudo silencio de la tumba
de mi padre infeliz la sombra airada!...
Antes rotas las bóvedas celestes
contra mí lancen su tremenda llama...
No, padre, no; ¡jamás!

Eudón
¿Jamás?... Pues muera.

Elisa
¡Justo Dios!... Socorredle.

Eudón
Elige, ingrata.
O mi mano, o su muerte ¿No respondes?
¿Brillan tus ojos de furor? ¿Y callas?...
Muera, pues tú lo quieres... Linser, toma,
toma este acero, corre, en las entrañas
del infeliz Reynal húndelo al punto.

| | De tu amistad confío mi venganza. |
| | Vuela, no tardes. |

Elisa   ¡Ay Linser!... ¡Oh cielos!
                         Espérate, verdugo.

Eudón   Linser, marcha.

Escena IV
Eudón y Elisa

Elisa   ¡Linser..., Linser!... Ministro de un tirano,
                         ¿cómo no has de albergar lodo y falacia?
                         ¡Ay hermano infeliz!... Cruel... ¿No temes
                         la justicia de Dios?... ¿No te acobarda
                         tanto delito?... Di, ¡feroz verdugo!...:
                         ¿No ves el mar de sangre en que naufragas?...
                         Linser..., traidor... Reynal..., Reynal..., tu vida...
                         Sí..., vive..., vive a costa de tu hermana...
                         Vamos, monstruo, al altar. ¿Qué más pretendes?
                         A mi hermano infeliz, por piedad, salva.

Eudón   ¡Qué tarde!... Tal vez ya no será tiempo...
                         Elisa, Elisa... ¡Ay Dios!

Elisa   Sí...; corre..., llama
                         a Linser... ¿No adviertes... qué alarido?

Eudón   ¿Qué terrible rumor...?

Elisa   ¡Ay, vuela!...

Eudón   Aparta.
                         ¿Qué nueva confusión...?

Elisa   ¿Que ya no existe?...

Eudón   ¿Qué estruendo...? ¿Quién se acerca?
                 ¡Cielos, guardias!
                 ¿Ya la fortuna airada me abandona,
                 y el brazo eterno sobre mí descarga?

Escena V

Eudón, Elisa y Linser, que sale herido en brazos de los guardias

Eudón   Linser... ¿Qué miro?... ¡Cómo!

Linser   Sí, malvado;
                 ya el Cielo vengador sus rayos lanza;
                 de haber sido tu amigo me castiga,
                 y al sueño eterno tu amistad me arrastra.

Elisa   ¿Y Reynal?...

Linser   Escuchadme: a la honda cueva
                 donde era su prisión me aproximaba,
                 no a cumplir tus decretos sanguinarios,
                 sino a cumplir, ¡oh Elisa!, mi palabra,
                 cuando escucho alaridos horrorosos,
                 que Reynal y Reynal solo clamaban,
                 y al punto miro al pueblo enfurecido
                 las puertas quebrantar del alto alcázar
                 con Arnaldo y Linel, que a su cabeza
                 su arrojo alientan, su furor exaltan.
                 Penetraron los fosos y rastrillos,
                 arrollando do quier tus fieles guardias,
                 y al verme a mí, «¡Mirad, mirad su amigo!»,
                 gritan, y esgrimen las terribles armas,

	y no aprovecha el ruego ni la fuga,
	que en pos de mí la multitud se lanza,
	y me hiere y prosigue furibunda
	en busca de Reynal...

Eudón ¿Qué escucho?... ¡Oh rabia!...

Linser Elisa, perdonadme; mi delito
es haber sido débil... Ya me falta
la fuerza... ¡Ay Dios!...

Eudón Llevad a ese infelice
do lejos de mi vista rinda el alma.
No escuchemos de un débil moribundo
la lastimera voz.

(Se lo llevan parte de los guardias.)

Escena VI
Eudón, Elisa y guardias

Eudón Vuestras espadas
en mi defensa son, fieles soldados.
Si los viles cobardes que guardaban
las puertas no supieron en mi auxilio
cómo debieran manejar la lanza,
vosotros, que sois nobles, que a mí solo
debéis riqueza, honor, poder y fama,
ayudadme a humillar el desenfreno
de esa plebe infeliz, que está engañada
por un necio impostor...

Elisa Y qué, ¿aun le insultas?...
Teme el poder de Dios, que te amenaza.

Eudón	Quita, y no más mi cólera provoques,
Elisa	¿Intentas resistir?... ¿Dó te arrebata tu cólera?... ¿Aún más sangre?... Cede, cede a la justicia... Evita la venganza del pueblo y de Reynal... Huye... Yo ofrezco conseguir el perdón...
Eudón	¡Perdón!... ¡Oh infamia! Muerte, muerte no más. Aún el Destino nuevos triunfos tal vez grato me aguarda. Mas ya se acercan..., ¡oh furor!... Soldados...

Escena VII
Eudón, Elisa, guardias, Reynal y Arnaldo
Pueblo
Entran más guardias huyendo del pueblo

Elisa	¡Justo Dios!...
Reynal	Esperad; a la venganza tan solo basto yo.
Eudón	(Se esconde entre sus guardias.) Guardias, ¡matadle!
Pueblo	¡Muera!
Reynal	Esperad.
Pueblo	Perezca con su guardia, si le defiende.

Reynal	No; no haya más sangre
que la suya.

Elisa	¡Ay hermano de mi alma!

Reynal	Tirano, ven. ¿Adónde estás, tirano?
¿Por qué te escondes? Ven...

Elisa	¡Reynal!

Reynal	Aparta.

Arnaldo	(Adelantándose y conteniendo a Reynal.)
Soldados, ¿defendéis a ese perverso?
Ved que es usurpador. Ved que manchada
en la sangre de Alberto está su diestra.
Abandonadle, pues. Dejad las armas,
que no son para apoyo de tiranos,
sino para defensa de la patria.
Este es vuestro señor.

(Señalando a Reynal.)

Pueblo	Reynal lo es solo.

Guardias	Pues a Reynal seguimos.

(Se van al lado del pueblo, abandonando a Eudón, a cuyo lado quedan los dos jefes de ella.)

Eudón	¡Negra rabia!...
Todos, todos traidores... Pues yo quito
a tu pecho el placer de la venganza.

(Arranca el puñal de uno de los jefes, y se hiere y cae en sus brazos.)

Todos   ¡Viva Reynal!

Elisa   (Abrazando a Reynal.)
                        ¡Hermano idolatrado!

Reynal   Padre, vengado estás. Sombra, descansa.

Arnaldo   El justo Cielo siempre a los tiranos
                    fin tan horrendo, inexorable, guarda.

                    Fin de «El duque de Aquitania»

Libros a la carta

A la carta es un servicio especializado para
empresas,
librerías,
bibliotecas,
editoriales
y centros de enseñanza;
y permite confeccionar libros que, por su formato y concepción, sirven a los propósitos más específicos de estas instituciones.
Las empresas nos encargan ediciones personalizadas para marketing editorial o para regalos institucionales. Y los interesados solicitan, a título personal, ediciones antiguas, o no disponibles en el mercado; y las acompañan con notas y comentarios críticos.
Las ediciones tienen como apoyo un libro de estilo con todo tipo de referencias sobre los criterios de tratamiento tipográfico aplicados a nuestros libros que puede ser consultado en Linkgua-ediciones.com.
Linkgua edita por encargo diferentes versiones de una misma obra con distintos tratamientos ortotipográficos (actualizaciones de carácter divulgativo de un clásico, o versiones estrictamente fieles a la edición original de referencia). Este servicio de ediciones a la carta le permitirá, si usted se dedica a la enseñanza, tener una forma de hacer pública su interpretación de un texto y, sobre una versión digitalizada «base», usted podrá introducir interpretaciones del texto fuente. Es un tópico que los profesores denuncien en clase los desmanes de una edición, o vayan comentando errores de interpretación de un texto y esta es una solución útil a esa necesidad del mundo académico.
Asimismo publicamos de manera sistemática, en un mismo catálogo, tesis doctorales y actas de congresos académicos, que son distribuidas a través de nuestra Web.
El servicio de «libros a la carta» funciona de dos formas.
1. Tenemos un fondo de libros digitalizados que usted puede personalizar en tiradas de al menos cinco ejemplares. Estas personalizaciones pueden ser de todo tipo: añadir notas de clase para uso de un grupo de estudiantes, introducir logos corporativos para uso con fines de marketing empresarial, etc. etc.

2. Buscamos libros descatalogados de otras editoriales y los reeditamos en tiradas cortas a petición de un cliente.

www.ingramcontent.com/pod-product-compliance
Lightning Source LLC
Chambersburg PA
CBHW022123040426
42450CB00006B/817